남미륵사가 불혹의 강을 건너다

2024

남미륵사가 불혹의 강을 건너다

김재석 시집

사이재

시인의 말

세계문화유산인 산사 아홉 곳을 시집으로 세상에 내던졌다

『불국사의 봄』
『해인사에 빠지다』
『통도사는 금강계단이다』
『선암사 가는 길』
『봉정사는 자기 혼자만의 몸이 아니다』
『부석사의 달』
『법주사에 내리는 눈』
『마곡사에 내리는 비』
『대흥사는 천강에 얼굴 내민 달이 꿈이다』

불법승의 승에 속하는
송광사 역시 시집으로 세상에 내던지고
내친김에 백담사와 미황사를
화엄사와 주변 암자를 시집으로 세상에 내던졌다

『송광사는 내 마음의 주장자다』
『백담사에 들른 뻐꾹새 울음소리가 나를 따라다니며』
『달마고도에서 대오할 생각을 하다』
『나의 이뭣고는 홍매화다』

『연기암은 내 마음의 죽비다』

강진의 저명인사인
백련사도 무위사도
앞서 세상에 내던진 시집들보다 먼저
세상에 내던졌다

『무위사 가는 길』
『그리운 백련사』
『백련사 동백숲에 대한 몽상』

이젠
남미륵사를 시집으로 세상에 내던진다

『남미륵사가 불혹의 강을 건너다』

세상이 내가 내던진 시집을 잘 받아내는지
궁금하다

    2024년 봄
    일속산방一粟山房에서
    작시치作詩痴 김재석

차례

남미륵사가 불혹의 강을 건너다

시인의 말

1부

남미륵사 13
남미륵사가 불혹의 강을 건너다 15
남미륵사 가는 길 17
남미륵사의 봄 1 19
남미륵사의 봄 2 20
남미륵사의 봄 3 22
남미륵사의 봄 4 24
화방산 소쩍새 26
화방산 뻐꾹새 28
화방산 뻐꾹새 30
빅 32
눈 내리는 남미륵사 33
비 내리는 남미륵사 34

2부

비파 39

큰개불알풀 40
코딱지나물 41
냉이꽃 42
서부해당화 43
동백꽃 44
철쭉 앞에서 46
등꽃 48
감꽃 50
맨드라미 51
빅토리아연 52
가시연 54
꽃무릇 56
수련 58
석류 59
달개비꽃 60
감 62
제비집 앞에서 64
절인 배추 66

3부

남미륵사 불이문이 남다르다 69
남미륵사는 아미타대불이다 70
남미륵사는 호화양장본시집이다 72
남미륵사는 산문이 따로 없다 74

일주문 76

불이문 78

만불전 80

대웅전 82

천불전 84

500나한상 86

500나한상 88

명부전 90

4부

쌍계루 95

시왕전 96

범종 98

용왕전 100

산신각 102

해수관음상 104

아미타부처님좌불상 106

33관음전 108

백관음전 110

지옥전 112

33층석탑 114

13층석탑 116

5부

화방산 121
큰바위얼굴 123
화방사 124
병풍바위 126
호랑이굴 127

1부

남미륵사

불가사의의
불가사의에 의한
불가사의를 위한
남미륵사는 영원할 것이다

남미륵사가
세상에 얼굴 내민 이유가
불가사의가 뭔가를
보여주기 위해서라는 걸 아는
먼 걸음을 한 길들은 많지 않다

내가 말하는
불가사의는
만불전을
아미타대불을 두고 하는 말이 아니다

내가 무얼 두고
남미륵사를
불가사의,
불가사의라 하는지
그건 비밀로 하고 싶다

무위사에
백련사에 비하면
늦둥이인 남미륵사가
이리 유명세를 탈 줄이야

불가사의의
불가사의에 의한
불가사의를 위한
남미륵사는 영원할 것이다

남미륵사가 불혹의 강을 건너다

늦둥이
남미륵사가
불혹의 강을 건넜다

남미륵사가 불혹의 강을 건넜는데도
여전히
늦둥이인 것은
한번 늦둥이는 영원한 늦둥이여서다

달리 말하면
남미륵사는
늦둥이이자 막둥이다

남미륵사가 태어난 이래
강진에
남미륵사 아우가 태어날 확률은
무無다

누구도
늦둥이이자
막둥이인 남미륵사가

큰일을 하리라 생각도 못했다

늦둥이
남미륵사가
불혹의 강을 건너고
이제 이순의 강을 눈 앞에 두었다

남미륵사 가는 길

아미타대불을
이정표 삼아
남미륵사 가는 길이 있다

남미륵사 가는 길이
한눈팔지 않는 건
남미륵사 가는 길을
한눈팔게 할 만한 게 주위에 없어서다

만에 하나
남미륵사 가는 길이
한눈팔아도
아무런 문제가 되지 않는 건
아미타대불이
다 이해하고 넘어가서다

남미륵사 가는 길이
한눈팔지 않는 게
바람직한 건지
바람직하지 않는 건지
모르겠다

아미타대불을
이정표 삼아
남미륵사 가는 길이 있다

남미륵사의 봄 1

남미륵사가
꽃방석을 깔고 앉았다

못 말리는
남미륵사

아니다
아니다

남미륵사가
꽃 속에 묻혔다

못 말리는
꽃나무들

본말이 전도됐다

남미륵사의 봄 2

남미륵사를 찾은 길들이
꽃구경 왔는지
아미타대불 뵈러 왔는지
알 수가 없다

꽃구경 온 김에
아미타대불 뵈는 건지
아미타대불 뵈러 온 김에
꽃구경을 하는지

철쭉에 코를 박고
철쭉 앞에서 셀카를 찍는
남미륵사를 찾은 길들이
뭐하러 왔는지
굳이 따질 필요가 없다

꽃으로 도배한
남미륵사를 찾은 길들은
꽃 속에 묻혀
잠시 정신을 잃어도 좋을 것이다

지금
이보다 좋을 수 없는은
남미륵사를 찾은 길들을 위해
태어난 말이다

남미륵사를 찾은 길들이
아미타대불 뵈러 왔는지
꽃구경 왔는지
알 수가 없다

남미륵사의 봄 3

남미륵사가
꽃으로
자신을 도배한 이유를 알았다

남미륵사는
그냥 남미륵사가 아니라
화방산華芳山 남미륵사다

남미륵사가
화방산 남미륵사란
이름값을 하기 위해
꽃으로 자신을 도배한 것이다

남미륵사가
자신을
꽃으로 도배한 정도가 아니라
아예 꽃에 깔렸다

깔리면
깔릴수록 좋은 게
꽃에 깔리는 것이다

꽃도
꽃 나름인데
서부해당화와 철쭉이다

누구도
못 말리는
서부해당화와 철쭉

남미륵사가
꽃으로
자신을 도배한 이유를 알았다

남미륵사의 봄 4

서부해당화와 철쭉으로
도배한
남미륵사가
자신을 내세우지 않는다

남미륵사가
자신을 내세우지 않아도
다들
남미륵사를 알아본다

남들이 몰라봐도
남미륵사가
자신을 내세우지 않을 텐데
다들 알아보니
자신을 내세울 필요가 없다

자신을
내세우지 않는
남미륵사는
그야말로 내공이 세다

서부해당화와 철쭉과
의기투합한
강진의 저명인사인
남미륵사

서부해당화와 철쭉으로
도배한
남미륵사가
자신을 내세울 생각이 아예 머리에 없다

화방산 소쩍새

소쩍 소쩍 소쩍

남미륵사가 태어나기 전에
풍동사람들은
소쩍새 울음소리에
화방 화방 화방이 묻어 있다고 생각했다

소쩍 소쩍 소쩍

남미륵사가 태어난 뒤엔
풍동사람들은
소쩍새 울음소리에
법흥 법흥 밥흥이 묻어 있다고 생각한다

소쩍 소쩍 소쩍

법흥 법흥 법흥이
그냥 법흥이 아니라
신라 23대 임금 법흥왕의
법흥과 같은 법흥이다

소쩍 소쩍 소쩍

먼 훗날 법흥 스님 입적하면
누군가가 대를 이을 건데
그때는 소쩍새 울음소리에
뭐가 묻어 있다고 생각할지 궁금하다

화방산 뻐꾹새

뻐꾹 뻐꾹 뻐꾹

화방산 소쩍새가 들으면
자신의 가락을
뻐꾹새가 표절했다고 생각할 텐데

뻐꾹 뻐꾹 뻐꾹

화방산 소쩍새가 듣고도
화방산 뻐꾹새에게
유감을 표명했다는 말을 듣지 못했다

뻐꾹 뻐꾹 뻐꾹

가락은 같고
가사만 다른 것을
번안 가요라고 하지

뻐꾹 뻐꾹 뻐꾹

번안 가요,

번안 가요이기에
소쩍새가 이의를 제기하지 못하나

뻐꾹 뻐꾹 뻐꾹

화방산 소쩍새가
화방산 뻐꾹새에게
암묵적으로 허용했을 수도 있다

화방산 뻐꾹새

뻐꾹 뻐꾹 뻐꾹

남미륵사를 찾은
먼 걸음을 한 길들을 향하여
뻐꾹새가 뻐꾹탄을 날린다

뻐꾹 뻐꾹 뻐꾹

뻐꾹새가
계속 뻐꾹탄을 날려도
도량을 돌아다니는
먼 걸음을 한 길들은
끄떡없다

뻐꾹 뻐꾹 뻐꾹

먼 걸음을 한 길들 중의 하나인
나만
뻐꾹탄을 받아내느라
정신이 없나

뻐꾹 뻐꾹 뻐꾹

내가 받아내지 못한 뻐꾹탄이
주변에
떨어지는데
폭발음이 나지 않는다

뻐꾹 뻐꾹 뻐꾹

내가 받아낸 뻐꾹탄이
터지지 않게
누구도 몰래 뇌관을 처리한다

빅

소쩍 소쩍 소쩍

주행성인
화방산 뻐꾹새는
화방산 소쩍새 때문에
잠을 못 이루고

뻐꾹 뻐꾹 뻐꾹

야행성인
화방산 소쩍새는
화방산 뻐꾹새 때문에
잠을 못 이루고

눈 내리는 남미륵사

내비둔
수목들이
흰옷으로 갈아입는다

다들
흰옷 입은
천수관음보살을 꿈꾼다

이미
흰옷 입은
천수관음보살이다

자고 나지 않아도
흰옷 입은
천수관음보살이다

흰옷 입은
천수관음보살이 따로 없다

비 내리는 남미륵사

지금
남미륵사에 내리는 비는
목이 마른
누군가를 위해
구름이
자신의 가슴을 쥐어뜯은 결과인가

목이 마른
누군가를 위해
구름이
자신의 가슴을 쥐어뜯었던
자신의 몸이 무거워
버티지 못하고
그냥 쏟았던
남미륵사에 내리는 비는
남미륵사와 인연을 맺은 것이다

위로는
아미타대불도
아래로는
키 작은 들꽃에 이르기까지

남미륵사에 자리잡은 이들과
지금 내리는 비는
삼세三世에 걸쳐 인연이 있는 것이다

아미타대불 덕에
키 작은 들꽃들이 갈증을 해소할 수도 있고
키 작은 들꽃 덕에
아미타대불이 갈증을 해소할 수도 있다

지금
남미륵사에 내리는 비는
목이 마른
누군가를 위해
구름이
자신의 가슴을 쥐어뜯은 결과인가

2부

비파

꽃들이 너무 자잘하여
별로 눈에 띄지 않아도
벌들을 가만두지 않는 것을

머지않아 꽃이 진 자리에
얼굴 내민 열매가
해와 달, 별빛 챙기느라 욕보겠지

그 작은 열매가
해와 달, 별빛뿐만 아니라
새들의 울음소리도 챙기겠지

황금빛, 황금빛 열매가
먼 걸음을 한 길들로 하여금
군침을 삼키게 하겠지

꽃들이 너무 자잘하여
별로 눈에 띄지 않아도
벌들을 가만두지 않는 것을

큰개불알풀

돈오점수,
돈오돈수 몰라도
쪽빛 수레 하나는
기똥차게 모는 것을

정혜쌍수,
교관겸수 몰라도
쪽빛 수레 하나는
기똥차게 모는 것을

코딱지나물

떼거리,
떼거리로
득도한 게 분명하다

득도하지 않고도
저런
꽃을 피울 수 있을까

저걸,
돈오돈수라 불러야 하나
돈오점수라 불러야 하나

돈오돈수,
돈오점수와
무관하단 말을 못 뱉겠다

뭐라
부르든
득도한 게 분명하다

냉이꽃

여윈 몸으로
출가를 다 하다니

그 몸으로
동안거를 지내다니

겨우내
뭘 붙들고 늘어졌을까

뭘 붙들고 늘어진
결과가
지금의 모습이긴 하지만

출가를 다 하다니,
여윈 몸으로

서부해당화

나대고 설치지 않아도
나대고 설치는 것처럼 보이는
서부해당화

떼거리로
출가한 걸로 아는데
다들 법명은
무엇인지

법랍은
또 몇 년인지

지난겨울에
이뭣고는
무엇이었는지

폼 잡고 뻐기지 않아도
폼 잡고 뻐기는 것처럼 보이는
서부해당화

동백꽃

서부해당화와 철쭉이 대세인
남미륵사에
얼굴 내민 동백꽃이
기죽을 것 같아도 기죽지 않는다

수는
서부해당화와 철쭉에 비해
상대가 안 되지만
기죽지 않는 건
동백은 동백대로
세상에 얼굴 내민 이유가 있어서다

남미륵사에서는
동백꽃,
동백꽃 똥구멍을 빨아보지 못하고
돌아가는가 했더니
동백꽃이
동백꽃 똥구멍 쪽쪽 빠는 새인
나를 알아보고
삐긋이 웃지 않는가

언제나
동백꽃과 동고동락하는
동박새가
직박구리가
나를 보면
소란을 피우기 십상인데
소란을 피우지 않는 이유는

철쭉과 서부해당화가 대세인
남미륵사에
얼굴 내민 동백꽃이
기죽을 것 같아도 기죽지 않는다

철쭉 앞에서

봄날 남미륵사의
얼굴마담은
철쭉인가,
서부해당화인가

아미타대불이 자리한
도량에서
얼굴마담,
얼굴마담이란 말을 꺼내기가
거시기하다

얼굴마담이란 말보다
더 멋진 은유를
찾아내기가 쉽지 않은데
불경스럽다고
꼬투리를 잡을까 무섭다

철쭉과 서부해당화에게 물으면
철쭉은 서부해당화가
서부해당화는 철쭉이
봄날 남미륵사의

얼굴마담이라고 할 것이다

혼자만
봄날 남미륵사의
얼굴마담이 누구일까
속으로만 생각해야겠다

봄날 남미륵사의
얼굴마담은
서부해당화인가,
철쭉인가

등꽃

누구와
동고동락한 등나무가
이리 예쁜 꽃을
열매 맺듯 피웠나

누구긴
누구여

누구긴
누구여가
한둘이 아니니

한둘이 아니라고
고민할 일이 아니여

남미륵사,
남미륵사라고 하면
되지

남미륵사와
의기투합한 등나무가

이리 예쁜 꽃을
열매 맺듯 피웠나

감꽃

병아릿빛 감꽃이 겁이 많다

솔개가
고공비행하지 않아도
감잎 사이
숨는 버릇이 있다

겁이 많은
병아릿빛 감꽃이 책력 노릇을 한다

모심을 때를 알려 준다

맨드라미

어디서 많이 본 것 같다 했더니
말을 탄
로마 장군들이 쓴
모자에서 본 것 같다

모자에서 본 것 같다가 아니라
모자에서 봤다

유정란,
유정란을 우리에게 안겨 주는
수탉의 머리에서 봤다

꽃싸움,
꽃싸움
똥광에서 봤다

빅토리아연

옛날에는
빅토리아 하면
빅토리아여왕

이제는
빅토리아 하면
남미륵사
빅토리아연

밤에 피는
빅토리아 연꽃

보랏빛
보랏빛

못 말리는
보랏빛

옛날에는
빅토리아 하면
빅토리아폭포

이제는
빅토리아 하면
남미륵사
빅토리아연

가시연

남미륵사는
빅토리아연이다 해도
인상을 구기지 않는다

당연해서가 아니라
누가
무슨 말을 해도 신경 쓰지 않는다

귀머거리,
귀머거리로
오해 받을 정도다

분수, 분수를 알기에
인상을 구기지 않는 것도
아니다

자신의 일에
몰입할 뿐
여기저기 기웃거리지 않는다

남미륵사는

빅토리아연이다 해도
인상을 구기지 않는다

꽃무릇

상사화는
상사화
꽃무릇은
꽃무릇

상사화는
오징어를
생각 나게 하지 않아도
꽃무릇은
오징어를
생각 나게 해

누구도
꽃무릇으로
오징어를
구워 먹을 생각을
않는 것을

오징어만
구워 먹는 게 아니라
삼발이만 있으면

라면도
끓여 먹을 수 있어

상사화는
상사화
꽃무릇은
꽃무릇

수련

곱사리,
곱사리 끼었다는 말을
듣게 생겼다

순전히
덩치,
덩치가 작다는 이유 하나만으로

법홍스님이 방석 삼아
법어를 하는
빅토리아연이
주연이라면
가시연은
조연인데
수련은……

수련을
엑스트라,
엑스트라로 오독할까 무섭다

곱사리,
곱사리 끼었을 리 만무하다

석류

햇빛과 물결이 의기투합하여 태어난
보석은
눈만 즐겁게 해 주지만

꽃 진 자리에 태어난
열매 속에
보석은
눈과 입을 즐겁게 해 줘야

저것 봐,
저절로 빠개진 열매가
붙들고 있는
보석을

쏟아질 것 같아도
쏟아지지 않는
보석을

돌부처도
군침을 삼키겠다

달개비꽃

달개비꽃이
남미륵사로
출가를 하였나

달개비꽃이
대를 이어 살아온 곳에
남미륵사가
자리를 잡았나

좌우지간
지금은
달개비꽃과
남미륵사가
동고동락하고 있는 것은
사실이다

달개비꽃이
남미륵사가
자신들의 삶의 터전을 앗아갔다는
눈빛을
나에게 보낸 적이 없다

남미륵사도
달개비꽃이
성불하는 데
걸림돌이 된다는
눈빛을
나에게 보낸 적이 없다

감

등잔 밑이 어둡다고
아미타대불이
고개를 숙이지 않는 한
아미타대불의 눈에 띄지 않는다

해와 달, 별빛을 챙길 대로 챙긴
감을
눈독들이지 않는
먼 걸음을 한 길들은 없다

먼 걸음을 한 길들이
눈독을 들이기도 전에
까치,
까치가 부리를 대는 것을

까치,
까치가 부리를 댄다 해서
까치를 나무랄 수 없는 건
사람보다 까치가
감나무와 사이가 가까워서다

솔직히 말하면
감나무와
까치,
까치는 한통속이다

등잔 밑이 어둡다고
아미타대불이
고개를 숙이지 않는 한
아미타대불의 눈에 띄지 않는다

제비집 앞에서

제비는 다
강남 출신인가라는
생각이
나의 뇌리를 때린다

남미륵사를 찾은
제비가
강남 출신이 아닐 수도 있다

지구 온난화로
지구 환경이
많이 변했을 뿐만 아니라
인간만
거주 이전의 자유가 있는 게 아니다

누굴 믿고
제비는
화장실 가는 길목의
돌로 장식한 벽의
돌에다 둥지를 틀었나

제비는
돌과 전생에
또 무슨 인연이 있었나

제비는 다
강남 출신이 아닐 수도 있다는
생각이
나의 뇌리를 때린다

절인 배추

중생들을 위하여 몸을 바쳤다

공양은
공양인데
무슨 공양이라 해야 하나

살신공양,
살신공양에 대하여 들은 바가 있기에
내가 뱉는 말이다

중생들을 위하여
소금에 절여지는 아픔을 참았다

3부

남미륵사 불이문이 남다르다

강진의 저명인사인
늦둥이
남미륵사 불이문이 남다르다

먼 걸음을 한 길들을
코끼리가 마중하고 배웅한다

먼 걸음을 한 길들 중에 누군가가
눈에 거슬리는 행동을 해도
코끼리가
화를 낸 적이 없다

순해 빠진
코끼리는
아프리카산이 아니고
인도산임에 틀림없다

강진의 저명인사인
늦둥이
남미륵사 불이문이 특출하다

남미륵사는 아미타대불이다

남미륵사는 아미타대불이다

서부해당화와 철쭉은
봄날 한때이지만
아미타대불은 영원하다

아미타대불을 바라보며
입이 벌어지지 않는
먼 걸음을 한 길들을
찾아보기 힘들다

장난이 아니다,
장난이 아니다는 말은
아미타대불을 두고 하는
말이다

만불전도
33층석탑도
입을 벌어지게 하지만
아미타대불만치
많이 더 오래

입을 벌어지게 하지는 않는다

남미륵사는 아미타대불이 맞다

남미륵사는 호화양장본시집이다

남미륵사는
무선제본시집 아닌
호화양장본시집이다,
누가 봐도

호화양장본 시집에 수록된
아미타대불,
대웅전,
만불전,
500나한상,
백관음,
33관음을
봐라

잘나가는
서부해당화,
철쭉,
빅토리아연,
가시연,
수련을
봐라

대웅전의 측근인
천불전,
명부전,
용왕전,
산신각을
봐라

남미륵사는
무선제본시집 아닌
호화양장본시집이다,
누가 보지 않아도

남미륵사는 산문이 따로 없다

강진의 저명인사인
남미륵사는 산문이 따로 없다

먼 걸음을 한 길들을
마중하고
배웅하는
코끼리가 보초를 서고 있는
불이문이
산문이다

산문이 불이문이고
불이문이 산문인데
그걸 모르고
뚤레뚤레 산문을 찾은 적이 있다

불이문이 산문인
남미륵사를
성질이 급하다고 할 수 없다

해탈문을 빨리 지나가고 싶은
먼 걸음을 한 길들의 마음을

읽은 것이다

강진의 저명인사이자
우리나라의 저명인사인
남미륵사는 산문이 따로 없다

일주문

일주문이
세상에 얼굴 내민 이유를
일주문에게
눈빛으로 묻는다

일주문이
나의 물음에
묵묵부답인 이유를
곧바로 알았다

일주문이
세상에 얼굴 내민 이유를
일주문이
몸에 새겨 놓았는데
까막눈인 내가 그걸 모르고
일주문이
세상에 얼굴 내민 이유를
묻다니

세상에
일주문이

얼굴 내민 이유가 다 같을 리가 없기에
남미륵사 일주문이
얼굴 내민 이유를 알고 싶었던 것이다

일주문이
얼굴 내민 이유를 묻지 않았더라면
일주문에게
무식하단 소릴 듣지 않았을 텐데
괜히 물어봐 가지고
무식하단 소릴 듣게 생겼다

일주문이
세상에 얼굴 내민 이유를
일주문이
몸에 다 새겨 놓았다

불이문

먼 걸음을 한 길들 중의 하나인
나를
불이문이 맞이한다

철쭉의 사열을 받은
내가
나도 모르게
뭐나 되는 것 같은
착각에 빠질 수 있기에
그런
착각에 빠지지 않으려고
나름대로 자세를 바로잡는다

불이문이
바로
해탈문이라는 걸
이 문을 지나는 자는
해탈에 이를 수 있다는 걸
가르치기 위해서
불이문이 태어난 걸
내가 알고 있기에

나를 맞이하는
불이문에게 예를 갖출 수밖에 없다

잘못하다간
불이문이
철쭉에게 묻힐 수 있다는 생각이
나의 뇌리를 때리는데
나의 마음을 들여다본
불이문이 일없다는 눈빛이다

먼 걸음을 한 길들 중의 하나인
나를
불이문이 곱게 들여보낸다

만불전

千佛의
열 배가 萬佛이니
상상이 안 되는
힘을 가진 게 분명하다

돈으로
萬弗도
만만치 않은 금액이지만
萬佛은
불력이 얼마나 세겠는가

만 명이
만원 씩
시주하면
굶주린 중생들을 구제하는 데
크게 도움이 될 것이다

꿈이 큰 건 사실이나
크면 클수록 좋은 꿈이기에
꿈이 커도
아무런 문제가 없다

다들 세다가 만
누구도
다 세지 못한
만불전

千佛의
열 배가 萬佛이니
상상이 안 되는
힘을 가진 게 분명하다

대웅전

오는 길에
어려움은 없었냐며
대웅전이
나에게 눈빛을 보낸다

내가
철쭉에 한눈팔다 늦은 것을
간접적으로
질책하는 게 분명하다

사실대로 말할 수도
사실대로 말하지 않을 수도 없으니
삐그시
웃을 수밖에

내 속을
다 들여다본
대웅전이
더이상 묻지 않는 것을

삐그시

웃기만 할 수 없는 내가
오는 길에
전혀 어려움이 없었다고
대웅전에게 눈빛으로 답한다

천불전

대웅전의 오른팔인
천불전이
자부심이 대단하다

만불전에게
기죽을 것 같아도
절대 기죽지 않는다

만불전에 비해
천불전은
의견의 일치를 이루기가 쉽다

힘이 딸리면
대웅전의 힘을 빌리면 되니
문제 될 게 하나도 없다

대웅전만 힘을 실어주는 게 아니라
대웅전의 왼팔인 명부전도
힘을 실어줄 것이다

대웅전의 오른팔인

천불전이
자부심이 하늘을 찌른다

500나한상

누구도
전정가위를 댄 적 없는
철쭉밭은
지붕 없는 나한전이다

숨바꼭질이라면
내가 술래인데

500나한이
머리카락 보일까 봐
꼭꼭 숨어 있는 것도 아니고

500나한이
맞나,
안 맞나
따질 일이 아니니
그냥 믿어야지

앞으로도
누구도
전정가위를 대지 않을

철쭉밭은
지붕 없는 나한전이다

500나한상

철쭉에 묻힌
500나한상 모두와
눈빛을 주고받을 길이 없다

철쭉의 사열을 받는다는 말은
뱉어도
500나한상의 사열을 받는다는 말은
뱉을 수가 없다

500나한상을 손에 쥐어 줘도
다 알아보기가 힘이 든데
철쭉밭에 은신하고 계시니

500나한상이 처음부터
철쭉밭에 은신한 게 아니고
나중에 함께한 철쭉이
겁 없이 자라
500나한상이 묻힌 것이다

주객이 전도됐다는
500나한상과

철쭉을 두고 하는 말이다

철쭉이
분수가 없는 게 아니라
철쭉이
분수가 있어도
몸이 따라주지 않을 뿐이다

철쭉에 묻힌
500나한상 모두와
눈빛을 주고받을 길이 없다

명부전

먼 걸음을 한 길들 중에
명부전이
대웅전의 왼팔인 걸 아는 길들이
몇이나 될까

대웅전의 오른팔은
천불전이고
대웅전의 왼팔은
명부전인데
둘이서 자리를 바꾼 적이 없다

임무가 서로 다르기에
자리를 바꿀 생각 자체가
머리에 없다

명부전에게
뭔 일 있으면
대웅전이
천불전이 방관하지 않을 것이다

먼 걸음을 한 길들 중에

명부전이
대웅전의 왼팔인 걸 아는 길들이
몇이나 될까,
근데

4부

쌍계루雙溪樓

사천왕이
쌍계루를
받들어 모실 리가 없는데

천왕문은
천왕문이고
쌍계루는
쌍계루인데

천왕문이
쌍계루이고
쌍계루가
천왕문일 리 없는데

쌍계루와
천왕문이
동고동락한다고 하면
의기투합하였다고 하면
이치에 맞을라나

시왕전

명부전이
시왕전이고
지장전인데
명부전도 있고
시왕전도 있는 사연은

시왕전이
누구인지
말할 수 있는 자도 많지 않지만
명부전이 시왕전인데
명부전도 있고
시왕전도 있는 사연을
말할 수 있는 자는 누구인가

시왕전에게
내가
명부전도 있고
시왕전도 있는 사연을
눈빛으로 물어도
시왕전이
나에게 답을 하지 않으니

속이 탈 수밖에

나 외에
다른 먼 걸음을 한 길들은
속이 탈 리가 없지
오지랖 넓은 나나
속이 타지

명부전이
시왕전이고
지장전인데
명부전도 있고
시왕전도 있는 사연은

범종

피학성 아닌
범종은
세상의 어디에도 없다

늙둥이
남미륵사
범종도 예외가 아니다

중생들을 제도하기 위하여
두드려 맞아야 하는데
세게 두드려 맞으면 맞을수록
더 큰 소리를 낸다

더 많이
더 깊게
중생들을 제도하려면
더 세게 두드려 맞아야 한다

두드려 맞는다는 말이
이치에 맞지 않는 말일 수 있기에
그냥 맞아야 한다가

맞다

피학성 아닌
범종은
세상의 어디에도 없다

용왕전

용왕전이
천불전 뒤편에 자리를 잡았지만
산신각과 함께
대웅전의 측근이다

측근의
측근 아닌
대웅전의 측근이기에
자부심이 대단하다

육지보다 바다에서
활약이 대단한
용왕을 모시는
용왕전이
용왕이
불편하지 않게 잘 모시고 있다

용왕 하면
용왕을 감동시킨
심청이가
떠오른다

심청이 말고도
거북의 꾐에 빠져
용궁에 다녀온
토끼를 생각하면
용왕의 병이 나았나
궁금할 수밖에

용왕전이
천불전 뒤편에 자리를 잡았지만
산신각과 함께
대웅전의 측근이다

산신각

용왕전은
천불전 뒤에 있고
산신각은
명부전 뒤에 있다

산신각이
용왕전과 동급이라 하면
산신각이
화를 낼까,
화를 내지 않을까

화하고는
거리가 먼
산신각과 용왕전을 내가
이간질한다는 말을 들을까
무섭다

산신각과
용왕전은
부동이화를 넘어
한통속인데……

용왕전은
천불전 뒤에 있고
산신각은
명부전 뒤에 있다

해수관음상

강은 가까워도
바다가 멀지도
바다가 가깝지도 않은 곳에
자리를 잡았다

바다와 멀고 가까운 것은
아무런 상관이 없다는 걸
남미륵사에 자리잡은
해수관음상을 보고 알았다

거리는 마음에 있을 뿐
아무런 상관이 없으나
전망 좋은 곳에 자리잡은 건
사실이다

해수관음,
해수관음의 관음이 바로
감각의 전이이고
이치에 맞는 착란인 것을

강은 가까워도

바다가 멀지도
바다가 가깝지도 않은 곳에
자리를 잡았다

아미타부처님좌불상

아미타부처님좌불상이 앉아 있기만 하면
너무 힘들기에
벌떡 일어나 걷고 싶어도
벌떡 일어나서는 안 된다

중생들에게
진득하지 못하단 말을 들을까
무서워서가 아니라
일어나 걸었다간
사고가 나기 때문이다

아미타부처님좌불상이 일어나
발을 딛을 곳이 없는데
일어나 걸었다간
사고가 날 게 뻔한데
아미타부처님좌불상이 일어나겠는가

아미타부처님좌불상이
벌떡 일어나지 않으셔도
가만히 앉아만 계셔도
제 할 일을 다하고 계신다

아미타부처님좌불상하고
눈빛을 주고받기가 쉬운 일이 아닌 것은
눈높이를 맞추려면
먼 거리에서 눈빛을 주고받아야 하는데
먼 거리에서 눈빛을 주고받기가 쉽지 않다

아미타부처님좌불상이 앉아 있기만 하면
너무 힘들기에
벌떡 일어나 걷고 싶어도
벌떡 일어나서는 안 된다

33관음전

33관세음보살이라 하니
33인이 서명한
독립선언서가 떠오른다

33이
무슨 의미를 지니기에
33관세음보살인지 궁금하다

33관세음보살이
세상에 얼굴 내미는 데
주목나무 몇 그루가
자기 몸을 바쳤는지도

뭔가가
희생을 치루지 않고
뭔가가
얼굴 내미는 세상은 없는가

그런 세상이 있다면
그보다 더 좋을 수가 없는데
그런 세상은 없는 것 같다

33관세음보살이라 하니
33인
독립선언서가 떠오른다

* 대자대비한 마음으로 중생을 구제하시는 33관세음보살을 주목나무로 봉안한 전각

백관음전

지붕 없는 법당이 바로
백관음전이다

먼 걸음을 한 길들이 다들
백 분의 관음보살이
노숙한다고 오독할 수도 있다

관음보살이
안에 계시는 것과
밖에 계시는 게
뭐가 다른가를 보여주기 위하여
노천에 모셨을 수도 있다

백관음전이
밖에 계시지 않으려면
남미륵사가
33관음전으로 만족하지
뭐하려
백 분의 관음보살을 모시겠는가

지붕 없는 법당이 바로

백관음전이다

* 노천에 세워진 법당으로 백 분의 영험한 관세음보살이 모셔져 있다.

지옥전

겁박한다는
오해를 살 수도 있겠다

안 봤으면
별 두려움 없이
편안히 지낼 텐데
괜히 봐 가지고
잠 못 이루게 생겼다

아는 것이 힘인 건 사실이지만
몰랐으면 좋을 걸
괜히 알아 가지고
나중 형편이
더 나빠질 수 있는데
내가 지옥전에 다녀간 것과
다른 문제일 수도 있다

고희의 강을 앞 두고
이제까지
지은 죄가 너무 많아
죄를 탕감 받기 힘들 것 같은데

큰일이다

엄살 떠는 게 아니고
진담이다

겁박한다는
오해를 사고도 남겠다

* 시왕 부처님을 모시고 각 대왕님을 지옥도를 그림으로 나타내 중생
들이 살아가는데 바른 삶을 일러준다.

33층석탑

높으면
높을수록 위태로운 게
탑인데
33층이다

지장탑으로
33을 가리키는
불교의 의미를 담아
내업장을 소멸하는
33층 4각 석탑이란다

내업장,
내업장이
무엇인지
정확히 파악하고 난 내가
내업장을 믿어야 하나
내업장을 믿지 말아야 하나
고민이다

내업장의
내업장에 의한

내업장을 위해 얼굴 내민
33층석탑은 영원할까

높으면
높을수록 위태로운 게
탑인데
33층이다

*지장탑으로 33을 가리키는 불교의 의미를 담아 내업장을 소멸하는 33층 4각 석탑.

13층석탑

남미륵사가 낳은
13층석탑의
13이
모던 보이 이상이 낳은
오감도에 출연한
13인의 아해를 생각나게 한다

13층석탑은
높이 18m,
너비 2m의
13층 8각 석탑으로
소원 성취를 바라는 탑인데
108명의 관세음보살이 새겨져 있다

모던 보이 이상이 낳은
오감도와
남미륵사가 낳은
13층석탑은
거리가 한참 멀다

33층석탑에 비해

13층은
한참 덜 위태로운데
문제는
높이가 문제라
누군가의 눈 밖에 나지 않는 게
문제다

눈 밖에 나면
높이에 상관없이
누구든
무너지게 마련이다

남미륵사가 낳은
13층석탑의
13이
모던 보이 이상이 낳은
오감도에 출연한
13인의 아해를 생각나게 한다

* 13층석탑; 높이 18m, 너비 2m의 13층 8각 석탑으로 소원 성취를 바라는 탑이다. 108명의 관세음보살이 조각되어 있다.

5부

화방산

화방산의 지나간 미래가
천불산이란다

억불산의 지나간 미래가
뭔지 몰라도
억불산이
처음부터 억불산이 아니었던 게
분명하다

천불산에게
기죽지 않으려고
다가온 과거가
억불산인 어떤 산이
개명하였다는데
그게 사실인가, 농담인가

천불산이
억불산에게 기죽지 않으려고
화방산이라
개명을 하였나

천불산의
다가온 과거가
화방산인 이유를
나는 모른다

화방산의 지나간 미래가
천불산이란다

큰바위얼굴

세상을 굽어보는 재미가 쏠쏠하겠다

팔다리가 있다면
속세로
뛰어 내려갔을까

팔다리가 있어도
그냥
그 자리에서
만족하고 지냈을까

이목구비 중에
제일 자신 있는 게
코일 것 같다

수인산,
만덕산,
억불산,
제암산을
지켜보는 재미도 쏠쏠하겠다

화방사

화방산의 사랑을 독차지하다가
남미륵사에게
화방산의 사랑을 빼앗겨
마음이 편치 않으리라
생각하는 이들도 있을 것이나
그렇지 않다

자신은
덩치가 작아도
덩치 큰
남미륵사를 아우로 둬
마음이 든든하다

화방산이
늦둥이
남미륵사가 태어났다고
장자인
화방사를 소홀히 할 리가 없다

늦둥이
남미륵사가

형인
화방사를 잘 모실 것이다

화방사,
화방사 역시
이제까지 쌓아온 지혜를
남미륵사에게 전수해 줄 것이다

병풍바위

누구를 위해
세상에 얼굴 내밀었나

아무 생각 없이
얼굴 내밀었을 리
만무한데

이 정도면
갈목할 만한
누군가를 위해
얼굴 내밀었을 텐데
갈목할 만한
누군가가
바로 앞에 없으니

멀지 않은 곳에
자리잡은
큰바위얼굴을 위해서
세상에 얼굴 내밀었나

호랑이굴

호랑이굴이 종이호랑이굴이다,
그야말로

호랑이굴 앞에서
누구도 겁을 먹지 않는다

다들
호랑이가 되어
맘대로 드나든다

안에 들어가서
셀카까지 찍는다

그야말로
호랑이굴이 종이호랑이굴이 되었다

물과별 시선 13

남미륵사가 불혹의 강을 건너다

1판 1쇄 인쇄일 | 2024년 3월 11일
1판 1쇄 발행일 | 2024년 3월 15일

지은이　　김재석
펴낸이　　신정희
펴낸곳　　사의재
출판등록　2015년 11월 9일 제2015-000011호
주소　　　목포시 보리마당로 22번길 6
전화　　　010-2108-6562
이메일　　dambak7@hanmail.net
ⓒ 김재석, 2024

ISBN 979-11-6716-097-3 03810

지은이와 출판사의 동의 없이 이 책의 내용 중 전체 또는 일부를 인용하거나 발췌하는 것을 금합니다.

값 12,000원